AF331664

QUELQUES MOTS

SUR

LE LIBRE-ÉCHANGE

ET

LES GRANDES INDUSTRIES DU MIDI

PAR

AMÉDÉE BÉCHARD

Administrateur des mines du Soulier et Président du Conseil d'arrondissement de Nimes.

NIMES

DE L'IMPRIMERIE CLAVEL-BALLIVET ET Cᵉ

RUE PRADIER, 12

1865

QUELQUES MOTS

SUR

LE LIBRE-ÉCHANGE

ET

LES GRANDES INDUSTRIES DU MIDI

I

Produits chimiques.

Consacré par des lois récentes, inauguré par des traités de commerce avec presque tous les gouvernements de l'Europe, notamment avec la Belgique et l'Angleterre, le libre-échange a modifié, dans son essence, la constitution fondamentale de l'industrie française.

Subordonné aux lois de l'économie politique, ce résultat fut fatal. Annoncé depuis longtemps, il aurait dû être prévu et prévenu. Suivant l'usage, il n'en a pas été ainsi.

Nos industriels se sont laissé surprendre par la concurrence étrangère qui les étreint aujourd'hui, et qui les force, sous peine de mort, à chercher dans le domaine de la science, le progrès et dans l'ordre naturel des choses, tout un système

1865

C.

d'économies qui leur permette de lutter avantageusement avec leurs rivaux d'outre-mer sur tous les marchés du monde, et de reconquérir cette prééminence que leur assurait, chez eux, le mode facile, mais perfide, de la protection.

Mais ce n'est pas tout. Il s'agit, aujourd'hui qu'il en est temps encore, de modifier la législation qui régissait el commerce et l'industrie sous l'empire du régime protecteur, et de la mettre en harmonie avec la situation nouvelle qui leur est faite par le régime de la liberté.

Ces améliorations, nous les trouvons, tout d'abord, dans l'abolition des tarifs différentiels, dans l'abaissement des prix de transport, dans la suppression ou la diminution des droits sur la navigation des fleuves et des canaux, dans la modification du régime des octrois, et enfin, mais ceci est de la compétence des industriels eux-mêmes, dans le transfert des usines sur les lieux mêmes ou près des lieux de la production des éléments premiers du travail.

L'industrie des produits chimiques, entre toutes, a reçu les plus vives et les premières atteintes de la révolution économique produite par le libre-échange. C'est sur elle, aussi, que doivent se concentrer l'intérêt des hommes d'Etat, l'investigation de la science, et, par dessus tout, l'émulation des industriels eux-mêmes.

Les usines de produits chimiques, situées, en général, sur le littoral de la Méditerranée, depuis la Camargue jusqu'à Toulon et aux îles d'Hyères, se trouvaient à leur origine dans les meilleures conditions de succès, parce qu'elles étaient situées sur les lieux ou à proximité des lieux de la production des matières premières.

Elles recevaient directement et par mer les soufres de la Sicile. Les sels marins lui arrivaient par bateaux de tous les points du littoral de la Méditerranée et de l'étang de Berre.

La Provence leur fournissait le combustible, c'est-à-dire la lignite qui fut remplacée, immédiatement après l'établissement des voies ferrées, par la houille du bassin d'Alais.

Protégés, d'une part, par l'efficacité des lois prohibitives; de l'autre, par leur position privilégiée qui leur permettait de recevoir, au plus bas prix possible, tous les éléments premiers du travail, les producteurs de produits chimiques se maintinrent ainsi pendant longtemps dans une position prospère.

Mais diverses circonstances devaient, un jour, mettre un terme à cet état de douce quiétude.

Dès 1850, l'équilibre fut menacé, et à dater de ce moment commença pour cette industrie une série de mécomptes et de tribulations qui doivent, en définitive, la conduire à la ruine ou à la fortune, selon que les producteurs suivront celle des deux voies qui leur sont actuellement ouvertes.

Au nombre des causes qui signalèrent la première période de décadence, il faut mettre en première ligne la substitution de la houille du bassin d'Alais aux lignites de la Provence, substitution qui eut pour effet d'élever le prix de revient de l'acide sulfurique et des sels de soude, sans augmentation dans les prix de vente.

Puis commença la diffusion, sur divers points du midi de la France, des immenses savonneries de Marseille qu'alimentaient sur place les usines de la Méditerranée et de l'étang de Berre, et qui, déjà, sollicitaient un abaissement de prix rendu indispensable par le transport coûteux de l'acide sulfurique.

La troisième cause, enfin, fut la maladie de la vigne, l'oïdium, qui provoqua une hausse subite dans le prix des soufres de la Sicile.

La position devenait de jour en jour plus critique. Ce fut dans ces circonstances que la pyrite de fer, qui avait déjà fait une première apparition dans quelques usines de produits chimiques, fut définitivement adoptée à cause des immenses avantages qu'elle a sur le soufre pour la fabrication de l'acide sulfurique.

Grâce à l'économie considérable que permet de réaliser cet agent nouveau de production, les fabricants de produits chimiques purent réduire leurs prix de vente, sans renoncer à leurs premiers bénéfices, et se maintenir dans un état de prospérité précaire.

Les choses marchèrent ainsi, à la grande satisfaction de tous, depuis 1850 jusqu'à 1860, époque à laquelle le libre-échange vint jeter le trouble dans cette industrie, en inondant les marchés français des sels de soude de provenance étrangère à des prix de beaucoup inférieurs aux nôtres.

Depuis lors, les industriels français luttent héroïquement, mais avec désavantage, sur les marchés de la France, de l'Italie et de l'Espagne, contre l'envahissement des produits similaires anglais qui, à défaut d'autre mérite, ont sur les nôtres le privilége du bas prix.

Le mal va toujours en empirant, et aujourd'hui cette industrie, dont les prix ont cessé d'être suffisamment rémunérateurs, n'aura bientôt plus sa raison d'être, si elle persiste à rester dans la position où elle est actuellement placée.

Est-ce à dire qu'il faille rayer du catalogue de notre industrie nationale une production aussi importante que celle des produits chimiques, et laisser le champ libre à nos rivaux d'outre-mer?

A Dieu ne plaise! La France industrielle a donné trop de preuves de ses ressources naturelles et de son intelligence pour qu'il en soit jamais ainsi. N'avons-nous pas vu tout récemment la chatouilleuse Angleterre devenir tributaire de l'industrie française pour l'établissement de machines à vapeur dont elle avait conservé jusqu'alors le monopole exclusif?

Plus récemment encore, n'avons-nous pas vu l'administration des chemins de fer allemands solliciter de nos constructeurs de l'Alsace l'envoi de vingt-quatre locomotives et de plus de 300 waggons ?

De pareils exemples sont bien faits pour réveiller notre courage et ranimer le génie de notre intelligence.

Il faut savoir prendre aujourd'hui, dans la question qui nous préoccupe, une de ces résolutions soudaines qui sauvent les empires sur les champs de bataille et qui assurent aux industries en souffrance une vitalité plus grande.

De quoi s'agit-il, au fond, et quel abîme nous sépare-t-il donc de la production anglaise ?

J'éprouve quelque embarras à l'avouer ; mais il faut bien le dire, puisque cela est : il s'agit tout au plus d'un écart de 10 à 15 % entre le prix de vente des produits anglais et les nôtres.

Eh quoi ! nous en serions réduits à ce degré d'infériorité relative que nous ne trouverions pas dans nos propres ressources les moyens de surmonter un pareil obstacle, alors surtout que nos produits sont, en réalité, supérieurs pour la qualité à ceux de nos concurrents !

Non, cela ne peut pas être, cela ne sera pas.

Avec un peu de courage et de persévérance, nous devrons non seulement faire disparaitre cet écart de 10 à 15 % qui nous met sous la dépendance de nos rivaux d'outre-mer, mais encore nous devrons réaliser un bénéfice de 30 à 40 %, qui nous rendrait notre prépondérance sur tous les marchés, tant à l'intérieur qu'à l'extérieur.

La grande plaie de l'industrie des produits chimiques, c'est, il faut le reconnaître, le prix énorme des transports sur des matières lourdes et de peu de valeur, telle que la pyrite de fer, la houille et les sels marins.

Si nous parvenons à supprimer, sinon complétement, du moins à peu près, le transport sur les éléments premiers de ce genre de fabrication, nous aurons résolu le problème. Il ne faut pas oublier, en effet, que le prix de transport de ces divers minerais équivaut à près de la moitié du prix d'achat.

Mais cette suppression, si elle a lieu, ne peut se réaliser qu'en transférant les usines d'acide et de sel de soude du littoral de la Méditerranée, où elles se trouvent actuellement, sur les lieux mêmes de la production des matières premières, c'est-à-dire sur un des points quelconques du département du Gard, le plus rapproché d'Alais.

Un simple calcul comparatif va me servir de démonstration.

Les usines de produits chimiques consomment annuellement, soit à Marseille, soit dans les fabriques environnantes, 160,000 tonnes de matières premières coûtant ensemble 3,592,000 fr., port compris, savoir :

80,000 tonnes de houille, à 21 fr. 60 c., soit.	1,728,000 fr.
40,000 tonnes de pyrite de fer, à 26 fr. 60 c., soit.	1,064,000
40,000 tonnes de sel marin, à 20 fr., soit.	800,000
Total.	3,592,000 fr.

Or, prises et utilisées sur place à Alais, les mêmes quantités de minerais ne coûteraient que :

80,000 tonnes de houille, à 12 fr., soit.	960,000 fr.
40,000 tonnes de pyrites, à 17 fr., soit.	680,000
40,000 tonnes de sel marin, à 16 fr. 50 c., soit.	660,000
Total.	2,300,000 fr.
Bénéfice net.	1,292,000 fr.

On le voit donc, le simple transfert des usines de produits chimiques des Bouches-du-Rhône et du Var dans l'arrondissement d'Alais , assurerait à cette industrie une économie de 1,292,000 fr., soit une différence en moins de 35 % environ sur les prix actuels.

Cette économie est plus que suffisante à elle seule pour combler non seulement l'écart de 10 à 15 % qui nous sépare des produits similaires anglais , mais encore pour nous laisser une marge de 35 % qui nous permettrait de chasser les produits anglais des marchés français, italiens et espagnols, et, qui plus est, d'aller battre l'industrie anglaise sur ses propres marchés.

Ce résultat est assez important pour que nos producteurs de produits chimiques prennent la peine d'y réfléchir et qu'ils se mettent en mesure de conjurer à temps la déchéance dont ils sont menacés.

De deux choses l'une : ou nos producteurs français persisteront à se croiser les bras et à rester chez eux dans le *statu quo*, et alors ils en arriveront fatalement à l'anéantissement progressif et complet de leur industrie ; ou bien ils se décideront, suivant en cela l'exemple de leurs voisins , à la transporter sur les lieux mêmes de la production des matières premières pour éviter les frais considérables de transport , et alors, en se dérobant à la mort , ils se relèveront plus puissants que jamais avec la certitude de faire la loi à leurs rivaux, leurs maîtres de la veille.

Ce que je viens de dire des usines de la France s'applique , *à fortiori*. à celle du Nord et de l'Ouest (Lille, Paris, Amiens , Rouen, etc.) qui paient des prix d'achat et de transport aussi considérables que ceux de Marseille.

On m'objectera , sans aucun doute , que les fabricants de produits chimiques auraient à subir, par suite de cette émigration, d'abord la perte presque totale de leur capital immobilier et ensuite les frais considérables occasionnés par de nouvelles installations.

A cela je réponds qu'en général , la majeure partie de ce capital immobilier est amortie depuis des années , et qu'en définitive, il vaut mieux faire sur l'heure un sacrifice, quelque grand et douloureux qu'il soit , que d'exposer à une ruine certaine une industrie qui, créée en 1792 , n'avait cessé de grandir et de prospérer jusques à nos jours, et qui alimentait de ses produits presque tous les marchés de l'Europe.

II

Chemins de fer. — Houillères. — Forges.

Le transfert des usines de produits chimiques près des lieux de la production des matières premières devrait, pour être efficace, se combiner simultanément , d'une part, avec l'exécution complète des réseaux imposés aux diverses compagnies des chemins de fer ; de l'autre, avec l'abaissement des tarifs , et enfin avec la diminution progressive des impôts municipaux et autres qui grèvent, outre mesure, l'industrie des produits chimiques et toutes celles qui en dérivent.

La ville d'Alais est aujourd'hui le centre de tout le bassin houiller et minéralogique du Gard. C'est vers ce point central que devront converger toutes les voies ferrées, et réciproquement , si l'on veut obéir aux lois du libre-échange, qui consistent à demander à chaque pays ce qu'il produit le mieux, le plus et au meilleur marché possible.

L'arrondissement d'Alais produit, à lui tout seul , plus du

dixième de la production totale de la France, soit environ 1,200,000 tonnes, sur lesquelles il en exporte environ la moitié. Or, s'il parvenait à effectuer le transport des houilles sur l'un des ports maritimes quelconque de la Méditerranée avec une économie de 18 à 20 %, ce serait une véritable prise de possession de tous les marchés méditerranéens.

Cette prise de possession s'effectuera du jour où le bassin d'Alais sera relié au port d'Aiguesmortes par un chemin de fer direct qui offre sur la ligne d'Alais à Marseille une abréviation de 85 kilomètres, avec une économie dans le prix du tonnage de 3 fr. 56.

A dater de ce moment, on peut prédire, sans trop de hardiesse, que cette production de 1,200,000 tonnes s'élèvera progressivement à 2 ou 3 millions de tonnes par an, c'est-à-dire au cinquième ou au quart de la production totale de la France qui est actuellement de 10 millions de tonnes environ.

Cette ligne d'Aiguesmortes à Alais, la plus importante de toutes pour le département du Gard, y facilitera, en outre, l'établissement des usines de produits chimiques dont l'existence est devenue à peu près impossible dans les Bouches-du-Rhône, à cause des prix exagérés du transport de la houille, des pyrites de fer et de l'élévation des salaires.

En admettant que ces usines s'établissent sur l'un des points quelconques de la ligne d'Alais à Aiguesmortes, elles n'auraient à payer qu'un transport qui varierait de 2 à 5 fr. par tonne au maximum, selon la distance à parcourir, au lieu de 12 fr. qu'elles payent en moyenne d'Alais aux usines respectives du littoral méditerranéen, dont la consommation moyenne, soit en houille, soit en minerai, est de 160,000 tonnes par an. Ce serait donc, au minimum, un bénéfice de 1,300,000 fr. dont elles jouiraient d'une manière incontestable et contre lequel ne pourrait jamais prévaloir la concurrence étrangère.

A cette économie, si nous ajoutons le bénéfice normal réalisé sur la fabrication des sels de soude et des acides, nous en arriverons à un chiffre fabuleux dont on trouverait peu d'exemples dans les annales de l'industrie européenne.

Les sels marins, qui jouent un rôle considérable dans la fabrication des sels de soude, seraient livrés, par les salines d'Aiguesmortes, à des prix plus bas que ceux du littoral de la Provence et de l'étang de Berre, parce qu'ils auraient une distance moindre à parcourir pour arriver à destination.

A tous ces points de vue, j'avais donc raison de dire que les usines de produits chimiques dont les prix de vente cessent d'être rémunérateurs dans les Bouches-du-Rhône, auraient leur raison d'être dans le Gard, par suite des économies énormes qu'elles seraient appelées à y réaliser sur les transports par l'établissement de la voie ferrée d'Aiguesmortes à Alais.

Il est une autre considération qui milite en faveur de cette ligne et qui doit en faire désirer au plus haut degré l'exécution immédiate. Je veux parler des fonderies et forges d'Alais et de Bességes, de La Voulte et du Creusot qui consomment, à elles seules, plus de 200,000 tonnes de minerai de fer de toute qualité qu'elles sont obligées de se procurer au loin à des prix qui absorbent tous les bénéfices.

Par la voie ferrée d'Aiguesmortes, elles seraient à même de recevoir directement et à prix réduits les minerais de l'Algérie de l'île d'Elbe, de la Corse et de l'Espagne, qui sont de beaucoup supérieurs aux nôtres, dont ils élèvent le titre et la qualité par un mélange heureusement combiné.

En résumé, cette ligne d'Aiguesmortes à Alais, en reliant l'une à l'autre deux places importantes appelées à se prêter un mutuel appui, offrirait, soit sur l'exportation des houilles, soit sur l'importation des minerais de fer ou autres , une économie de 3 à 4 millions, qui , répartis sur les divers établissements minéralogiques et métallurgiques du Gard, leur assurerait une prééminence incontestable sur tous les marchés.

D'après une note émanée de l'administration des chemins de fer de Paris à la Méditerranée, la ligne d'Aiguesmortes à Lunel doit être livrée à la circulation en 1867; celle de Lunel au Vigan, en 1870. Nous en sollicitons l'exécution de tous nos vœux, en exprimant le désir que l'embranchement indispensable de Quissac à Alais, en passant par Ners, complète simultanément tous ces travaux dont l'importance est suffisamment démontrée.

Dans un mémoire publié en 1862 , à propos de l'enquête sur les divers chemins de fer projetés dans les Bouches-du-Rhône, le Gard et l'Hérault , cette Compagnie , dans le but de neutraliser les efforts de la Compagnie du Midi , se déclarait prête à entrer en négociation avec l'Etat pour la concession d'une ligne qui , partant d'Alais, se dirigerait vers la vallée du Rhône en traversant celle de l'Ardèche , et irait rejoindre , près du Pouzin , l'embranchement de Livron à Privas.

Or , ajoutait la Compagnie de la Méditerranée , si cette concession se réalise , il suffira d'un embranchement fort court pour réunir la ligne de Millau à Lunel à celle de Nîmes à Alais.

Cet embranchement fort court ne peut être évidemment que celui de Quissac à la station de Ners , et qui servirait de trait d'union entre les deux lignes.

Ce dernier tracé est à l'étude, nous dit-on. Nous désirons vivement qu'il en soit ainsi ; mais , en admettant que la Compagnie de la Méditerranée renonçât à s'en charger , il est certain qu'en présence du transit considérable de la houille, des divers minerais et des vins du bas Languedoc qui laisseraient de gros bénéfices , l'industrie privée n'hésiterait pas à l'entreprendre à ses frais.

Du côté du Nord, le bassin houiller d'Alais n'est pas dans une position plus favorable. Il ne lui est pas permis aujourd'hui d'alimenter les immenses usines de La Voulte et du Pouzin, dont la consommation est considérable au double point de vue de la houille et des minerais de fer.

Il n'en sera plus ainsi du jour où les lignes d'Alais à Brioude, d'une part, et, de l'autre, de Bességes à Livron, seront livrées à la circulation. Non seulement la houille d'Alais alimentera les hauts-fourneaux de La Voulte et du Pouzin, mais encore elle provoquera très certainement sur son parcours l'établissement de nouvelles usines qui concourront au développement de la production houillère et minéralogique du Gard. Tels sont les avantages que nous permet d'espérer la ligne ferrée qui, partant d'Alais, se dirigera dans les vallées de l'Ardèche et du Rhône, ira rejoindre près du Pouzin l'embranchement de Livron à Privas, et ira se souder à la grande artère de Paris à Marseille.

Le bassin d'Alais est séparé de Paris par une distance de 825 kilomètres de voies ferrées, sur lesquelles le prix du tonnage ne s'élève pas à moins de 30 fr., même avec les tarifs spéciaux.

Par la nouvelle ligne d'Alais à Brioude, cette distance sera abrégée de 160 kilomètres, avec une économie de 5 à 6 fr. sur le prix du tonnage.

Ce sera un nouveau débouché ouvert à nos produits vinicoles du Midi, aux blés de provenance étrangère, à la houille, aux pyrites, aux minerais de fer, à tous les produits, en un mot, lourds et encombrants qui supportent plus ou moins facilement les frais considérables de transport.

Paris, qui est en communication directe avec tous les ports de l'Océan et qui aspire à devenir lui-même un port maritime, ne sera plus séparé de celui d'Aiguesmortes que par une distance qui pourra être franchie en bien moins de temps qu'il n'en faut pour se rendre à Marseille, puisqu'il y aura 245 kilomètres de moins à parcourir.

La Méditerranée se trouvera reliée à l'Océan par la ligne de Brioude, se dirigeant du Sud au Nord, comme elle le sera, de l'Est à l'Ouest, par la ligne d'Arles à Lunel qui mettra en communication directe les ports de Marseille et de Bordeaux.

Ainsi sera réalisée, par deux voies différentes, la grande pensée de Louis XIV qui voulait unir les deux mers par l'intérieur des terres pour éviter le danger et le circuit de Gibraltar.

Il est facile de comprendre que, par l'exécution simultanée des voies ferrées du Gard, les échanges s'effectueront avec la plus grande rapidité du Sud au Nord, de l'Est à l'Ouest, et que l'économie de transport sur les marchandises lourdes, encombrantes et de peu de valeur, en facilitant le développement des industries locales et l'écoulement des produits indigènes, agricoles ou minéralogiques, provoquera la création de nouvelles usines, assises, cette fois, sur des bases inébranlables et hors des atteintes de toute concurrence extérieure.

III

Tarifs différentiels. — Impôts sur la navigation.— Octrois. — Conclusion.

En 1860, alors que le traité anglo-français faisait sa première apparition dans le monde industriel et commerçant, l'opinion publique se préoccupa vivement de l'avenir de l'industrie houillère et de la puissance maritime de la France.

Le Ministre des travaux publics le comprit si bien, alors, qu'il fit insérer dans le *Moniteur* un rapport adressé à l'Empereur, lequel avait pour objet de calmer les esprits et de donner raison à tous les intérêts :

« Les voies navigables devaient être perfectionnées ; les droits » de navigation supprimés sur les fleuves et abaissés sur les ca- » naux ; les tarifs des chemins de fer réduits, et les embranche- » ments reconnus nécessaires terminés dans le plus bref délai. »

Nous voici en 1865, et nous ne sommes guère plus avancés.

Les droits sur la navigation subsistent en grande partie, et la batellerie est en souffrance ; les tarifs différentiels sont maintenus de plus fort, et les embranchements reconnus nécessaires n'en sont, pour la plupart, qu'à l'état d'étude ou de projet.

En ce qui est relatif aux tarifs différentiels, cela résulte d'une réponse catégorique que les compagnies coalisées des chemins de fer viennent d'adresser au Ministre des travaux publics qui avait provoqué une enquête, à l'effet d'étudier les réseaux respectifs et les différentes réformes ou améliorations proposées par la commission déléguée à cet effet.

Tout en admettant la possibilité et l'utilité de certaines mesures ayant pour but la sécurité des voyageurs et l'économie des transports, elles protestent, d'une manière énergique et unanime, contre l'abaissement des tarifs, et, ce qui est plus fort, elles demandent, autant dans l'intérêt du commerce et de l'industrie que dans leur propre intérêt, le maintien des tarifs différentiels,

Voilà qui est clair, et nous ne pouvons en prétexter pour cause d'ignorance.

Les tarifs différentiels ! mais c'est la prédominance des houilles anglaises sur les marchés de la France ; c'est l'anéantissement de la batellerie, c'est-à-dire de la navigation à bon marché sur les rivières et les canaux !

C'est, en un mot, l'abolition de la concurrence ; c'est le monopole érigé en dogme et exerçant une souveraineté féodale sur le commerce français et l'industrie nationale !

Les tarifs différentiels, avons-nous dit, favorisent l'importation des houilles étrangères, et, en effet, toutes les houilles présentées à la frontière française du Nord pour le marché de Paris sont admises au prix unique de 7 fr. 80 la tonne , sur un parcours de 326 kilomètres.

Celles, au contraire, qui proviennent des houillères françaises de Lens , sur un parcours de 210 kilomètres seulement, sont obligées de payer le même prix ; ce qui , dans le premier cas, réduit le prix du transport à 2 centimes par kilomètre et par tonne , et l'élève, dans le second , à 3 centimes 70.

Ainsi donc, les houilles françaises auront parcouru une distance deux fois plus courte, ou à peu de chose près , et elles auront payé un prix égal à celui des houilles anglaises qui auront fait un trajet deux fois plus long !

Il en est de même des charbons belges arrivant par Valenciennes, et qui paient le même prix que les nôtres sur un parcours d'inégale longueur.

Pourquoi cette différence ? C'est évidemment parce que les compagnies des chemins de fer savent très bien qu'en vertu du privilége dont elles sont investies de par la loi, le prix des transports des houilles françaises ne peut leur échapper , tandis qu'elles ont intérêt, par un abaissement exagéré et volontaire des tarifs, à solliciter les charbons anglais et belges, dont l'importation totale, en France, est de 4,456,726 tonnes , savoir : 1,285,514 tonnes de provenance anglaise, et 3,171,212 d'origine belge ; ce qui équivaut à la moitié de la production française, dont le chiffre, avons-nous dit, s'élève à 10 millions de tonnes.

Or, la consommation intérieure étant de 14 millions de

tonnes par an, nous sommes en présence d'un déficit de 4,500,000 tonnes, que nous sommes obligés de combler en nous adressant à l'étranger.

Mais ce déficit, nos bassins houillers du Nord, du Centre et du Midi pourraient eux-mêmes le combler avec leurs propres ressources, s'ils n'étaient paralysés, dans leur marche ascendante, par la concurrence étrangère qui profite, pour nous écraser, des armes que leur fournissent, contre nous, les tarifs des chemins de fer, l'impuissance de la navigation et les impôts douaniers, municipaux ou autres.

C'est donc un capital de plus de 75 millions que nous payons à la production étrangère pour nous procurer le plus essentiel de tous les éléments du travail que nous pourrions produire nous-mêmes.

Tandis que, sur les 80 millions de tonnes qu'elle extrait de ses mines, l'Angleterre en consomme chez elle plus de 71 millions et nous envoie une partie de son trop plein, nous en sommes réduits, en France, à tendre la main à l'étranger pour avoir le complément des 14 millions de tonnes de houille nécessaires à nos besoins intérieurs !

Quel espace à franchir et quel vaste champ ouvert à l'industrie française, au génie national !

En second lieu, les tarifs différentiels rendent impossible, en la ruinant, la navigation des rivières et des canaux qui, seule, peut faire une concurrence sérieuse aux chemins de fer.

Un seul exemple, pris entre plusieurs, suffira pour le démontrer.

Les grandes lignes de chemins de fer de Paris à Lyon et de Lyon à la Méditerranée, naguère distinctes et séparées l'une de l'autre, avaient des tarifs différents et inégaux qui furent maintenus au moment où s'opéra la fusion des deux compagnies.

Ces tarifs inégaux sont encore en vigueur, et ils sont aujour-d'hui, malgré la fusion, la loi commune des parties.

De Marseille à Lyon , où les chemins de fer avaient à redou-ter la navigation du Rhône , le prix du tonnage a été abaissé à un taux qui rend toute concurrence impossible à la batellerie.

De Lyon à Paris, où cette concurrence est moins redoutable, le prix du tonnage s'élève, et les compagnies fusionnées se récupèrent, sur cette dernière portion du parcours , de la perte qu'elles éprouvent sur la partie inférieure du fleuve.

Des tarifs différents ont été transformés en tarifs différen-tiels : les mots ont été changés, mais le fond des choses est resté le même , voilà tout.

Naguère , et pendant plus d'un quart de siècle , de 1830 à 1857, le Rhône était sillonné par une flotte de 80 bateaux à vapeur, variés de forme , de puissance et de grandeur , trans-portant incessamment du Nord au Sud et réciproquement près de 400,000 quintaux métriques, et rivalisant presque de vitesse avec les nouvelles voies ferrées , soit pour le service des voyageurs, soit pour celui des marchandises Aujourd'hui, tout cela n'existe plus. Entreprises , navires et navigation , tout a été perdu, englouti par la banqueroute et sacrifié à l'esprit envahisseur et autocratique du monopole, au grand détriment des plus grands intérêts nationaux.

La batellerie est aujourd'hui anéantie pour ne se relever que le jour où disparaîtront à leur tour les tarifs différentiels.

Au point de vue des rivières et des canaux , la position n'est pas meilleure.

Ici encore nous sommes en présence non seulement de réseaux inachevés, incomplets et insuffisants, mais encore sous le poids d'impôts onéreux et vexatoires.

La navigation intérieure doit avoir pour objet une viabilité économique, relativement rapide et sans solution de continuité.

Elle doit relier, en les mettant en rapport par un réseau de voies navigables, tous les bassins hydrographiques de la France, et permettre à un bateau d'opérer son chargement du Nord au Midi, de l'Est à l'Ouest, sans transbordement aucun et sans autres interruptions que celles qui seraient nécessitées par les exigences du service des écluses, par l'effet des glaces ou les réparations éventuelles.

Voilà ce qui devrait être et voilà ce qui n'est pas; et c'est au milieu de ce désarroi général que l'on a inauguré par des lois et consacré par des traités de commerce le libre-échange qui a inondé les marchés français de produits étrangers, et qu'on a dit au commerce et à l'industrie: « Levez-vous et marchez; repoussez, comme vous le pourrez, l'ennemi que nous avons introduit parmi vous. »

Avant de livrer la France industrielle et commerçante à la merci de la concurrence étrangère, il fallait non seulement, ainsi que cela a eu lieu du reste, l'aviser et la mettre en demeure, mais il fallait encore lui préparer les voies pour la défense de ses intérêts et débarrasser le sol des obstacles qui se dressent devant elle.

Le libre-échange est une institution d'antique origine, il a déjà rendu et il est appelé à rendre encore au monde les services les plus signalés; mais c'est à la condition de se mouvoir dans un milieu libre, au dedans comme au dehors, et d'être débarrassé des entraves au milieu desquelles l'industrie se débat vainement aujourd'hui et que multiplie devant elle le monopole des chemins de fer qui devraient en être au contraire l'auxiliaire le plus puissant et le plus autorisé.

Les chemins de fer, une des plus grandes conceptions du XIXᵉ siècle, il faut le reconnaître, ont ouvert une ère nouvelle à l'industrie qu'ils ont régénérée en créant des richesses infinies qui, sans eux, n'auraient pas vu le jour.

Ils possèdent un réseau de 21,000 kilomètres de rail-way, au nombre desquels 13,000 environ sont en pleine activité et 8,000 en voie de construction ou de projets.

Ils ont coûté, soit au monde financier, soit à l'Etat, plus de 7 milliards de francs que la spéculation a élevés au chiffre de 20 milliards.

Ils transportent annuellement 4 milliards 600 millions de tonnes de marchandises de toute sorte et des centaines de millions de voyageurs.

A tous ces points de vue, ils ont droit à la sollicitude du peuple et de l'Etat ; mais quelque grands que soient leurs droits à la reconnaissance publique, ce n'est pas une raison pour leur sacrifier la navigation qui a bien son importance, et qui, dans une sphère plus modeste et non moins utile, a des droits égaux à l'intérêt et à la protection de tous.

Le réseau de la navigation intérieure, qui se compose des rivières et des canaux artificiels, a un développement de 11,250 kilomètres, savoir : 6,500 kilomètres pour les rivières navigables, et 4,750 pour les canaux, à ce non compris 3,000 kilomètres environ de rivières simplement flottables.

Le trafic sur ce réseau de voies navigables s'est élevé, dans les dernières années, à 2 milliards 360 millions de tonnes, et il est à présumer que si les 1,500 kilomètres de canaux qui sont en souffrance étaient réparés et normalisés, ce trafic pourrait s'élever à une quantité dix fois supérieure, c'est-à-dire à plus de 7 milliards de tonnes, *per annum*, et à des prix de beaucoup inférieurs à ceux des chemins de fer.

Indépendamment des tarifs différentiels qui la neutralisent, la navigation doit, en outre, lutter contre les lois fiscales dont elle demande à être dégagée, et ce n'est pas sans raison.

L'Etat qui a jeté dans le domaine des chemins de fer un capital approximatif de deux milliards, soit à titre de subvention ou d'avance d'argent, soit à titre de garantie d'intérêt, ne pourrait-il pas, assimilant la navigation à la grande voirie de terre, renoncer à tout ou partie des 4 à 5 millions que lui rapporte la batellerie, à l'effet de lui rendre sa force et sa prépondérance industrielle? Ce serait justice.

Il est certain que ce sacrifice ne serait que momentané; car l'Etat trouverait dans l'accroissement des revenus publics et dans le rendement progressif des contributions indirectes une compensation plus que suffisante aux pertes occasionnées par cet abandon.

Cet impôt, tout insignifiant qu'il paraît être, eu égard à l'importance de la canalisation, est suffisant pour paralyser la navigation et par suite la concurrence qu'elle est, par sa nature, appelée à faire aux voies ferrées, sur les lignes où ne sont pas appliqués les tarifs différentiels.

Si la navigation était débarrassée des péages qui l'arrêtent dans sa marche, si tout le système de la canalisation était modifié et ramené à l'uniformité, le transport par eau s'abaisserait à 1 centime par tonne et par kilomètre, tandis que les chemins de fer, dans leurs tarifs les plus réduits, ne descendent jamais au dessous de 3 centimes, à l'exception toutefois des tarifs différentiels.

Ainsi, sur un parcours de 500 kilomètres, par exemple, une marchandise ne paierait par la voie d'eau que 5 francs, à raison de 1 centime par tonne, tandis qu'elle coûterait sur les chemins de fer, et pour le même parcours, 25 francs par tonne ou tout au moins 17 fr. 50 c., en vertu des tarifs spéciaux calculés à raison de 3 centimes et demie par tonne et par kilomètre.

Ces chiffres portent avec eux leur signification; ils n'ont pas besoin de commentaires.

Il ne faut pas s'étonner, dès lors, qu'en présence de tous ces éléments divers d'entraves, de contradictions et d'exigences financières ou autres, la France industrielle élève la voix pour demander les réformes et les améliorations qui lui ont été solennellement promises, et qu'elle ne puisse pas, malgré les prodiges d'intelligence et de bon vouloir dont elle donne des preuves tous les jours, se relever de l'état de déchéance et d'infériorité où l'ont placée les traités de commerce avec la Belgique et surtout avec l'Angleterre.

Il n'est pas étonnant qu'elle réclame énergiquement le dégrèvement des impôts de toute nature qui frappent les éléments premiers du travail, sans préjudice des autres griefs qui ont été déjà formulés au sujet des réseaux des voies ferrées, des tarifs différentiels et des droits de navigation.

C'est ainsi qu'à Marseille, l'industrie de la savonnerie et des produits chimiques vient d'adresser à la municipalité de cette ville une pétition tendant à obtenir ou la modification des tarifs d'octroi, en ce qui concerne les taxes sur les huiles d'olive et de graines, sur les corps gras, graisses, soudes et autres matières premières servant à la fabrication des savons, des sels de soude, etc., ou ce qui revient au même à la restitution des droits perçus sur ces matières qui, bien qu'employées aux plus importantes fabrications de Marseille, ne font en réalité qu'y transiter, comme la soie à Lyon, le coton à Rouen et la laine à Elbeuf.

Au surplus, cette question des impôts municipaux et autres a déjà préoccupé quelques-uns de nos conseils électifs dans leurs dernières sessions d'août et de septembre.

Le Conseil d'arrondissement de Lille, notamment, a émis un vœu relatif à la suppression des octrois.

Les motifs sur lesquels il base sa décision sont assez curieux à noter, et il n'est pas hors de propos d'en reproduire quelques-uns :

» Attendu , est-il dit dans le compte-rendu de ses séances, que l'impôt des octrois est contraire aux principes de justice et d'équité naturelle ;

» Attendu que l'octroi frappe les objets de consommation générale, notamment les vins, d'un droit fixe , sans égard à la qualité , et que, par suite , il pèse de tout son poids sur les classes nécessiteuses ;

» ....

» Attendu que l'octroi constitue un véritable impôt progressif sur le pauvre ;

» ....

» Attendu que le nombre croissant des villes et communes à octroi fait revivre , sous une forme nouvelle , les lignes de douane intérieure , au grand préjudice du commerce et de l'industrie ;

» ....

» Attendu que l'exemple de la Belgique et de la Hollande, de l'Angleterre, de la Prusse et de l'Amérique prouve qu'il est facile de pourvoir d'une autre manière aux dépenses municipales dont l'utilité, du reste, ne saurait être mise en doute;

» Emet le vœu que le gouvernement mette à l'étude le moyen de supprimer l'octroi en lui substituant une taxe directe locale. »

Le conseil d'arrondissement de Nimes, se basant sur des motifs différents, mais tout aussi concluants, a émis un vœu analogue.

D'après une note insérée dans les journaux semi-officiels du gouvernement, cette importante question a été prise en considération par les hommes d'Etat et mise immédiatement à l'étude.

Cette réforme, que nous appelons de tous nos vœux, serait le complément de celles que nous avons déjà invoquées en faveur de l'industrie dont l'existence est compromise.

Après avoir constaté l'affaissement des grandes industries en général et de celle des produits chimiques en particulier, provoqué par le libre-échange, il ne nous reste qu'à résumer les moyens qui nous paraissent propres à leur rendre leur ancienne splendeur et qui peuvent se réduire aux suivants :

1° Etablir les usines sur les lieux mêmes ou près des lieux de la production des matières premières, et, par suite, supprimer ou amoindrir les frais de transport ;

2° Compléter le réseau des chemins de fer ; réduire les prix de transport ; faire disparaître les tarifs différentiels et les remplacer par des tarifs proportionnels à la distance parcourue ;

3° Perfectionner et uniformiser les voies navigables ; supprimer les droits de navigation sur les fleuves, les abaisser sur les canaux ;

4° Enfin. remplacer les droits d'octroi par une taxe directe locale. .

Tels sont les moyens qui nous paraissent propres à régénérer l'industrie française aujourd'hui ébranlée par les effets du libre-échange et de la concurrence étrangère qui en. est la conséquence, et que nous croyons devoir recommander à la sollicitude, à l'intelligence et au bon vouloir de toutes les parties intéressées, avec toute la déférence que nous leur devons, mais aussi avec toute l'énergie d'une conviction profonde et sincère.

AMÉDÉE BÉCHARD,
Président du Conseil d'arrondissement de Nimes.

Nimes. — Typ. Clavel-Ballivet et Cᵉ, rue Pradier, n° 12.

www.ingramcontent.com/pod-product-compliance
Lightning Source LLC
LaVergne TN
LVHW021742030726
842523LV00003B/854